LE DINER

DU COMTE

DE BOULAINVILLIERS,

LE DINER

DU COMTE

DE BOULAINVILLIERS.

PAR

Mr. St. Hiacinte.

1728.

LE DINER
DU COMTE
DE BOULAINVILLIERS.

PREMIER ENTRETIEN.

AVANT DINER.

L'Abbé Couet.

QUOI, Monſieur le Comte, vous croyez la Philoſophie auſſi utile au genre humain que la religion Apoſtolique, Catholique & romaine ?

Le Comte de Boulainvilliers.

La Philoſophie étend ſon Empire ſur tout l'Univers, & vôtre Egliſe ne domine que ſur une

A ij

partie de l'Europe, encor y a-t-elle bien des ennemis. Mais vous devez m'avouer que la philosophie est plus salutaire mille fois que vôtre religion, telle qu'elle est pratiquée depuis long-temps.

L'Abbé.

Vous m'étonnez. Qu'entendez vous donc par philosophie?

Le Comte.

J'entends l'amour éclairé de la sagesse, soutenu par l'amour de l'être éternel, rémunérateur de la vertu & vengeur du crime.

L'Abbé.

Eh bien, n'est-ce pas là ce que nôtre religion annonce?

Le Comte.

Si c'est là ce que vous annoncez, nous sommes d'accord; je suis bon catholique, & vous êtes bon philosophe; n'allons donc pas plus loin ni l'un ni l'autre. Ne deshonorons nôtre philosophie religieuse & sainte, ni par des sophismes & des absurdités qui outragent la raison, ni par la cupidité effrénée des honneurs & des richesses qui corrompt toutes les vertus. N'écoutons que les vérités & la modération de la philosophie; alors cette philosophie adoptera la religion pour sa fille.

L' A B B é.

Avec vôtre permission, ce discours sent un peu le fagot.

L E C O M T E.

Tant que vous ne cesserez de nous conter des fagots, & de vous servir de fagots allumés au lieu de raisons, vous n'aurez pour partisans que des hipocrites & des imbéciles. L'opinion d'un seul sage l'emporte sans doute sur les prestiges des fripons, & sur l'asserviffement de mille idiots. Vous m'avez demandé ce que j'entends par philosophie, je vous demande à mon tour ce que vous entendez par religion.

L' A B B é.

Il me faudroit bien du temps pour vous expliquer tous nos dogmes.

L E C O M T E.

C'est déja une grande présomption contre vous. Il vous faut de gros livres ; & à moi il ne faut que quatre mots : *Sers Dieu, fois juste.*

L' A B B é.

Jamais nôtre religion n'a dit le contraire.

L E C O M T E.

Je veudrois ne point trouver dans vos livres des idées contraires. Ces pa ples cruelles, con-

train les d'entrer (1), dont on abufe avec tant de barbarie , & celles-ci , *Je fuis venu aporter le glaive & non la paix* (2), & celles là encor ; que *celui qui n'écoute pas l'Eglife foit regardé comme un Payen, ou comme un receveur des deniers publics* (3) ; & cent maximes pareilles effraient le fens commun & l'humanité.

Y a-t-il rien de plus dur & de plus odieux que cet autre difcours ; (4) *je leur parle en paraboles , afin qu'en voyant ils ne voyent point, & qu'en écoutant ils n'entendent point.* Eft-ce ainfi que s'expliquent la fageffe & la bonté éternelles ?

Le Dieu de tout l'univers qui fe fait homme pour éclairer & pour favorifer tous les hommes, a - t-il pu dire (5), *je n'ai été envoyé qu'au troupeau d'Ifraël ,* c'eft - à - dire à un petit païs de trente lieues tout au plus ?

Eft-il poffible que ce Dieu à qui l'on faifoit payer la capitation , ait dit que fes difciples ne devoient rien payer, que les rois (6) *ne reçoi-*

(1) *Luc.* 14. ℣. 23.
(2) *Matth.* 10. ℣. 34.
(3) *Matth.* 18. ℣. 17.
(4) *Matthieu* 8. — 10.
(5) *idem* 15. — 24.
(6) *idem Chap.* 17. ℣ 24. 25. 26.

vent des impôts que des étrangers & que les enfans
en font donc exempts ?

L'ABBÉ.

Ces difcours qui fcandalifent font expliqués par
des paffages tout différents.

LE COMTE.

Jufte ciel ! qu'eft-ce qu'un Dieu qui a befoin de
commentaire, & à qui on fait dire perpétuelle-
ment le pour & le contre ? Qu'eft-ce qu'un Légis-
lateur qui n'a rien écrit ? Qu'eft-ce que quatre livres divins dont la date eft inconnue, & dont les
auteurs fi peu avérés fe contredifent à chaque page ?

L'ABBÉ.

Tout cela fe concilie, vous dis-je. Mais vous
m'avouerez du moins que vous êtes très content du
difcours fur la montagne.

LE COMTE.

Ouï, on prétend que Jéfu a dit qu'on brulera
ceux qui appellent leurs frères Raka (a), comme
vos Théologiens font tous les jours. Il dit qu'il eft
venu pour accomplir la loi de Moïfe que vous
avez en horreur (b). Il demande avec quoi on
falera fi le fel s'évanouït (c). Il dit que bienheu-

A. iiij

(a) *Matth.* 5. ℣. 22.
(b) *idem* — ℣. 17.
(c) *idem* — ℣. 13.

ceux font les pauvres d'efprit, parce que le Royaume des cieux eft à eux (d). Je fais encor qu'on
lui fait dire qu'il faut que le bled (e) pourriffe &
meure en terre pour germer ; que le Royaume des
cieux eft un grain de moutarde (f) ; que c'eft de
l'argent mis à ufure (g) ; qu'il ne faut pas donner
à diner à fes parents quand ils font riches (h).
Peut-être ces expreffions avoient-elles un fens ref-
pectable dans la langue où l'on dit qu'elles furent
prononcées. J'adopte tout ce qui peut infpirer la
vertu ; mais ayez la bonté de me dire ce que
vous penfez d'un autre paffage que voici.

» C'eft Dieu qui m'a formé. Dieu eft partout
» & dans moi : oferai-je le fouiller par des actions
» criminelles & baffes , par des paroles impu-
» res, par d'infâmes défirs ?

» Puiffai-je à mes derniers moments dire à Dieu ,
» ô mon maître , ô mon père ! tu as voulu que
» je fouffriffe , j'ai fouffert avec réfignation. Tu as
» voulu que je fuffe pauvre , j'ai embraffé la pau-
» vreté. Tu m'as mis dans la baffeffe , & je n'ai

(d) *idem* — ℣. 3.
(e) *1ere. épit. de Paul aux Corinth. chap.* 15.
℣. 36.
(f) *Luc* 13. ℣. 19.
(g) *Matth.* 25.
(h) *Luc* 14. ℣. 12.

» point voulu la grandeur. Tu veux que je meure ?
» je t'adore en mourant. Je fors de ce magnifique
» fpectacle en te rendant grace de m'y avoir ad-
» mis pour me faire contempler l'ordre admirable
» avec lequel tu régis l'univers.

L'Abbé.

Celà eft admirable; dans quel père de l'Eglife
avez-vous trouvé ce morceau divin? eft-ce dans
St. Ciprien, dans St. Grégoire de Nazianze ou dans
St. Cirille ?

Le Comte.

Non, ce font les paroles d'un efclave Payen
nommé Epiſtète, & l'Empereur Marc - Aurèle
n'a jamais penfé autrement que cet efclave.

L'Abbé.

Je me fouviens en effet d'avoir lû dans ma
jeuneffe des préceptes de Morale dans des auteurs
Payens qui me firent une grande impreffion : je
vous avouerai même que les loix de Zaleucus,
de Carondas, les confeils de Confucius, les
commandements moraux de Zoroaftre, les maximes de Pythagore, me parurent diſtés par la Sa-
geffe pour le bonheur du genre humain : il me
fembloit que Dieu avoit daigné honorer ces grands
hommes d'une lumiére plus pure que celle des
hommes ordinaires, comme il donna plus d'har-

monie à Virgile, plus d'éloquence à Cicéron &
plus de fagacité à Archimède qu'à leurs contem-
porains. J'étois frapé de ces grandes leçons de
vertu que l'antiquité nous a laiffées. Mais enfin
tous ces gens là ne connoiffoient pas la Théologie,
ils ne favoient pas quelle eft la différence entre
un Chérubin & un Séraphin ; entre la grace efficace à laquelle on peut réfifter, & la grace fuffifante qui ne fuffit pas : ils ignoroient que Dieu étoit
mort, & qu'ayant été crucifié pour tous, il n'a-
voit pourtant été crucifié que pour quelques-uns.
Ah ! Monfieur le Comte, fi les Scipions, les Ci-
cérons, les Catons, les Epictètes, les Antonins
avoient fçu que le père *a engendré le fils, & qu'il
ne l'a pas fait ; que l'efprit n'a été ni engendré ni
fait , mais qu'il procéde par fpirátion, tantôt du
père & tantôt du fils ; que le fils a tout ce qui
apartient au père, mais qu'il n'a pas la paternité :*
Si, dis-je, les anciens nos maîtres en tout, avoient
pû connoitre cent vérités de cette clarté & de
cette force enfin, s'ils avoient été Théologiens,
quels avantages n'auroient-ils pas procuré aux
hommes ! La confubftantiabilité furtout, Monfieur
le Comte ! la tranfubftantiation ! font de fi belles
chofes ! plût au ciel que Scipion, Cicéron &
Marc-Aurèle euffent aprofondi ces vérités ! ils
auroient pû être grands Vicaires de Monfeigneur

l'Archevêque, ou Sindics de la Sorbonne.

LE COMTE.

Çà dites moi en conscience, entre nous & devant Dieu, si vous pensez que les ames de ces grands hommes soient à la broche, éternellement roties par les diables en attendant qu'elles ayent retrouvé leur corps qui sera éternellement roti avec elles, & celà pour n'avoir pû être Sindics de Sorbonne & grands Vicaires de Mr. l'Archevêque ?

L'ABBÉ.

Vous m'embarrassez beaucoup ; car, *hors de l'Eglise point de salut.*

Nul ne doit plaire au Ciel que nous & nos amis. Quiconque n'écoute pas l'Eglise, qu'il soit comme un Payen ou comme un Fermier général (i). Scipion & Marc - Aurèle n'ont point écouté l'Eglise ; ils n'ont point reçu le Concile de Trente. Leurs ames spirituelles font roties à jamais ; & quand leurs corps dispersés dans les quatre éléments feront retrouvés, ils feront rotis à jamais aussi avec leurs ames. Rien n'est plus clair, comme rien n'est plus juste : celà est positif.

D'un autre côté il est bien dur de bruler éternellement Socrate, Aristide, Pythagore, Epictè-

(i) *Matth. ch. 18. ⅋. 17.*

te, les Antonins, tous ceux dont la vie a été pure & exemplaire, & d'accorder la béatitude éternelle à l'ame & au corps de François Ravaillac qui mourut en bon chrêtien, bien confeffé & muni d'une grace efficace ou fuffifante. Je fuis un peu embarraffé dans cette affaire; car enfin, je fuis juge de tous les hommes: leur bonheur ou leur malheur éternel dépend de moi; & j'aurois quelque répugnance à fauver Ravaillac & à damner Scipion.

Il y a une chofe qui me confole, c'eft que nous autres Théologiens nous pouvons tirer des enfers qui nous voulons : nous lifons dans les actes de Ste. Thècle, grande Théologienne, difciple de St. Paul, laquelle fe déguifa en homme pour le fuivre, qu'elle délivra de l'enfer fon amie Faconille qui avoit eu le malheur de mourir Payenne. (k)

Le grand St. Jean Damafcène raporte que le grand St. Macaire, le même qui obtint de Dieu la mort d'Arius par fes ardentes priéres, interrogea un jour dans un cimetiére le crâne d'un Payen fur fon falut ; le crâne lui répondit que les priéres des Théologiens foulageoient infiniment les damnés. (l)

(k) Voyez *Damafcene orat. de iis qui in fide dormierunt. pag.* 585.
(l) *apud Grab. fpicileg. pp. t.* I.

Enfin, nous savons de science certaine que le grand St. Grégoire Pape tira de l'enfer l'ame de l'Empereur Trajan (m.) : ce font là de beaux exemples de la miséricorde de Dieu.

LE COMTE.

Vous êtes un goguenard ; tirez donc de l'enfer par vos saintes priéres, Henri IV. qui mourut sans Sacremens comme un Payen, & mettez-le dans le ciel avec Ravaillac le bien confessé ; mais mon embarras est de savoir comment ils vivront ensemble, & quelle mine ils se feront.

LA COMTESSE DE BOULAINVILLIERS.

Le diner se refroidit ; voilà Mr. Fréret qui arrive, mettons-nous à table, vous tirerez après de l'enfer qui vous voudrez.

(m) *Eucholog. c. 96. & alii lib. græc. Damasc. sen. p. 588.*

SECOND ENTRETIEN.

PENDANT LE DINER.

L'Abbé Couet.

AH! Madame, vous mangez gras un Vendredi fans avoir la permiffion expreffe de Mr. l'Archevêque ou la mienne! ne favez - vous pas que c'eft pécher contre l'Eglife? Il n'étoit pas permis chez les Juifs de manger du liévre parce qu'alors il ruminoit, & qu'il n'avoit pas le pied fendu (n) : c'étoit un crime horrible de manger de l'ixion & du grifon. (o)

La Comtesse.

Vous plaifantez toujours, Monfieur l'abbé ; dites-moi de grace ce que c'eft qu'un ixion & qu'un grifon.

L'Abbé.

Je n'en fçais rien, Madame ; mais je fçais que quiconque mange le Vendredi une aîle de poulet fans permiffion de fon Evêque, au lieu de fe gorger de faumon & d'efturgeon, péche mortel-

(n) *Deuteron. ch.* 14. ℣. 7.
(o) *idem* ℣. 12. & 13.

lement ; que fon ame fera brulée en attendant fon corps, & que quand fon corps la viendra retrouver, ils feront tous deux brulés éternellement fans pouvoir être confumés, comme je le difois tout-à-l'heure.

LA COMTESSE.

Rien n'eft affurément plus judicieux ni plus équitable ; il y a plaifir à vivre dans une religion fi fage. Voudriez-vous une aîle de ce perdreau ?

LE COMTE DE BOULAINVILLIERS.

Prenez, croyez-moi ; Jéfus-Chrift a dit, mangez ce qu'on vous préfentera (p). Mangez, mangez, que honte ne vous faffe dommage.

L'ABBÉ.

Ah ! devant vos domeftiques ! un Vendredi qui eft le lendemain du Jeudi ! ils l'iroient dire par toute la ville.

LE COMTE.

Ainfi vous avez plus de refpect pour mes laquais que pour Jéfus-Chrift ?

L'ABBÉ.

Il eft bien vrai que nôtre Sauveur n'a jamais connu la diftinction des jours gras & des jours maigres, mais nous avons changé toute fa doctrine pour le mieux ; il nous a donné tout pouvoir

(p) Luc chap. 10. ℣. 8.

ſur la terre & dans le ciel. Savez - vous bien que
dans plus d'une province il n'y a pas un ſiècle
que l'on condamnoit les gens qui mangeoient gras
en Carême à être pendus ? & je vous en citerai
des exemples.

LA COMTESSE.

Mon Dieu que cela eſt édifiant ! & qu'on voit
bien que vôtre religion eſt divine !

L'ABBé.

Si divine que dans les pays mêmes où l'on faiſoit
pendre ceux qui avoient mangé d'une omelette au
lard , on faiſoit bruler ceux qui avoient ôté le lard
d'un poulet piqué ; & que l'égliſe en uſe encor
ainſi quelquefois ; tant elle ſait ſe proportionner aux
différentes foibleſſes des hommes. — A boire.

LE COMTE.

A propos , Monſieur le Grand Vicaire , vôtre
égliſe permet - elle qu'on épouſe les deux Sœurs ?

L'ABBé.

Toutes deux à la fois ! non ; mais l'une après
l'autre ſelon le beſoin , les circonſtances , l'argent
donné en cour de Rome & la protection : remar-
quez bien que tout change toujours , & que tout
dépend de nôtre ſainte égliſe. La ſainte égliſe
Juive nôtre mère , que nous déteſtons & que nous
citons toujours , trouve très bon que le patriarche

Ja-

Jacob épouse les deux sœurs à la fois : elle défend dans le Lévitique de se marier à la veuve de son frère, (q) elle l'ordonne expressément dans le Deuteronome ; (r) & la coutume de Jérusalem permettoit qu'on épousât sa propre sœur ; car vous savez que quand Amnon fils du chaste Roi David viola sa sœur Thamar, cette sœur pudique & avisée lui dit ces propres paroles ; *mon frère, ne me faites pas de sottises, mais demandez moi en mariage à nôtre pére, & il ne vous refusera pas.* (s).

Mais pour revenir à nôtre divine loi sur l'agrément d'épouser les deux sœurs, ou la sœur de son frère, la chose varie selon les temps, comme je vous l'ai dit. Nôtre Pape Clément sept n'osa pas déclarer invalide le mariage du Roi d'Angleterre Henri VIII. avec la sœur du Prince Arthur son frère, de peur que Charles Quint ne le fit mettre en prison une seconde fois, & ne le fit déclarer bâtard comme il l'étoit. Mais tenez pour certain qu'en fait de mariage comme dans tout le reste, le Pape & Monseigneur l'Archevêque sont les maîtres de tout quand ils sont les plus forts. —— à boire !

B

(q) *Lévit. ch.* 18. ℣. 16.
(r) *Deuteron. ch.* 12. ℣. 5.
(s) 2*d. Rois chap.* 13. ℣. 12. & 13.

LA COMTESSE.

Eh bien, Monfieur Fréret, vous ne répondez rien à ces beaux difcours! vous ne dites rien!

MR. FRERET.

Je me tais, Madame, parce que j'aurois trop à dire.

L'ABBÉ.

Et que pouriez-vous dire, Monfieur, qui pût ébranler l'autorité, obfcurcir la fplendeur, infirmer la vérité de nôtre mère fainte Eglife Catholique, Apoftolique & Romaine? —— à boire!

MR. FRERET.

Pardieu je dirois que vous êtes des Juifs & des idolâtres, qui vous moquez de nous, & qui embourfez nôtre argent.

L'ABBÉ.

Des Juifs & des idolâtres! comme vous y allez!

MR. FRERET.

Oui des Juifs & des idolâtres, puifque vous m'y forcez. Vôtre Dieu n'eft-il pas né Juif? n'a-t-il pas été circomcis comme Juif? (t) n'a-t-il pas accompli toutes les cérémonies Juives? ne lui faites-vous pas dire plufieurs fois qu'il

(t) *Luc ch.* 2d. ℣. 22, & 39.

faut obéïr à la loi de Moïse ? (u) n'a-t.il pas
facrifié dans le temple ? vôtre batême n'étoit-il
pas une coutume Juive prife chez les Orientaux ?
N'appellez - vous pas encor du mot Juif *Pâques* la
principale de vos fêtes ? Ne chantez - vous pas depuis plus de dix - fept cent ans dans une mufique
diabolique des chanfons Juives que vous attribuez
à un roitelèt Juif, brigand adultère & homicide,
homme felon le cœur de Dieu ? Ne prêtez - vous
pas fur gages à Rome dans vos juiveries que
vous appellez *monts de pieté?* & ne vendez-vous
pas impitoyablement les gages des pauvres quand
ils n'ont pas payé au terme?

Le Comte.

Il a raifon, il n'y a qu'une feule chofe qui vous
manque de la loi Juive, c'eft un bon Jubilé, un
vrai Jubilé, par lequel les Seigneurs rentreroient
dans les terres qu'ils vous ont données comme des fots
dans le .emps que vous leur perfuadiez qu'Elie &
l'Antechrift alloient venir, que le monde alloit
finir, & qu'il falloit donner tout fon bien à l'E-
glife *pour le remède de fon ame, & pour n'être
point rangé parmi les boucs.* Ce Jubilé vaudroit
mieux que celui auquel vous ne nous donnez que
des indulgences pléniéres : j'y gagnerois pour ma

B ij

(u) *Matth.* ch. 5. ℣. 17. & 18.

part plus de cent mille livres de rente.

L'A B B é.

Je le veux bien, pourvu que fur ces cent mille livres vous me faſſiez une groſſe penſion. Mais
pourquoi Mr. Fréret nous appelle-t-il idolâtres?

Mr. F r é r e t.

Pourquoi Monſieur ? demandez le à St. Chriſto-
phe qui eſt la premiére choſe que vous rencon-
trez dans vôtre cathédrale , & qui eſt en même
temps le plus vilain monument de barbarie que
vous ayez. Demandez le à Ste. Claire qu'on in-
voque pour le mal des yeux & à qui vous avez
bâti des temples , à St. Genou qui guérit de la
goute , à St. Janvier dont le ſang ſe liquefie ſi
ſolemnellement à Naples quand on l'aproche de
ſa tête, à St. Antoine qui aſperge d'eau bénite
les chevaux dans Rome. (x).

Oſeriez-vous nier vôtre idolatrie , vous qui adorez du culte de Dulie dans mille égliſes le lait
de la Vierge , le prépuce & le nombril de ſon
fils , les épines dont vous dites qu'on lui fit une
couronne , le bois pourri ſur lequel vous préten-
dez que l'être éternel eſt mort ? vous enfin qui
adorez d'un culte de latrie un morceau de pâte

(x) *Voyages de Miſſon tome 2d. page 294. c'eſt
un fait public.*

que vous enfermez dans une boëte de peur des fouris? Vos Catholiques Romains ont pouffé leur Catholique extravagance jufqu'à dire qu'ils changent ce morceau de pâte en Dieu par la vertu de quelques mots Latins, & que toutes les miettes de cette pâte deviennent autant de Dieux Créateurs de l'Univers. Un gueux qu'on aura fait Prêtre, un Moine fortant des bras d'une proftituée, vient pour douze fols, revêtu d'un habit de Comédien, me marmoter en une Langue étrangère ce que vous appellez une Meffe, fendre l'air en quatre avec trois doigts, fe courber, fe redreffer, tourner à droite & à gauche, par devant & par derriére, & faire autant de Dieux qu'il lui plait, les boire & les manger, & les rendre enfuite à fon pot de chambre! & vous n'avouërez pas que c'eft la plus monftrueufe & la plus ridicule idolâtrie qui ait jamais deshonoré la nature humaine? Ne faut-il pas être changé en bête pour imaginer qu'on change du pain blanc & du vin rouge en Dieu? Idolâtres nouveaux, ne vous comparez pas aux anciens qui adoroient le *Zeus*, le *Demiourgos*, le maître des Dieux & des hommes, & qui rendoient hommage à des Dieux fécondaires; fachez que Cérès, Pomone & Flore valent mieux que votre Urfule & fes onze mille Vierges; & que ce n'eft pas aux Prêtres de Marie Magdeleine à fe moquer des Prêtres de Minerve.

B iij

L A C O M T E S S E.

Monfieur l'Abbé, vous avez dans Monfieur Freret un rude adverfaire. Pourquoi avez - vous voulu
qu'il parlât ? c'eft votre faute.

L' A B B E'.

Oh Madame , je fuis aguerri, je ne m'effraye pas
pour fi peu de chofe; il y a longtems que j'ai en-
tendu faire tous ces raifonnemens contre nôtre mé-
re Sainte Eglife.

L A C O M T E S S E.

Par ma foi vous reffemblez à certaine Ducheffe
qu'un mécontent appelloit Catin ; elle lui répondit ,
il y a trente ans qu'on me le dit , & je voudrois
qu'on me le dît trente ans encore.

L' A B B é.

Madame , Madame , un bon mot ne prouve rien.

L E C O M T E.

Cela eft vrai ; mais un bon mot n'empêche qu'on
ne puiffe avoir raifon.

L' A B B é.

Et quelle raifon pourroit - on oppofer à l'auten-
ticité des prophéties , aux miracles de Moïfe , aux
miracles de Jéfus , aux Martyrs ?

L E C O M T E.

Ah ! je ne vous confeille pas de parler de prophéties, depuis que les petits garçons & les petites filles

favent ce que mangea le Prophête Ezéchiel à fon déjeuner, (y) & qu'il ne feroit pas honnête de nommer à diner ; depuis qu'ils favent les avantures d'Oolla & d'Oliba (z) dont il eft difficile de parler devant les dames ; depuis qu'ils favent que le Dieu des Juifs ordonne au prophête Ofée de prendre une Catin, (a) & de faire des fils de Catin. Hélas! trouverez-vous autre chofe dans ces miférables que du galimathias & des obfcénités ?

Que vos pauvres Théologiens ceffent déformais de difputer contre les Juifs fur le fens des paffages de leurs prophêtes ; fur quelques lignes hé_braïques d'un Amos, d'un Joël, d'un Habacuc, d'un Jérémiah ; fur quelques mots concernants Eliah, tranfporté aux régions céleftes orientales dans un chariot de feu, lequel Eliah par parenthèfe n'a jamais exifté.

Qu'ils rougiffent furtout des prophéties inférées dans leurs Evangiles. Eft-il poffible qu'il y ait encor des hommes affez imbéciles & affez lâches pour n'être pas faifis d'indignation, quand Jefus prédit dans Luc : (b) *Il y aura des fignes dans la lune & dans les étoiles ; des bruits de la mer*

B iiij

(y) *Ezech. ch. 4. ♥. 12.*
(z) *idem ch. 16. & chap. 23. ♥. 20.*
(a) *Ofée ch. 1. ♥. 2. & ch. 3. ♥. 1. & 2.*
(b) *Chap. 2.*

& des flots; *des hommes séchant de crainte atten-*
dront ce qui doit arriver à l'univers entier. Les
vertus des cieux seront ébranlées, & alors ils ver-
ront le fils de l'homme venant dans une nuée avec
grande puissance & grande majesté. En vérité je
vous dis que la génération présente ne passera point
que tout cela ne s'accomplisse.

Il est impossible assurément, de voir une pré-
diction plus marquée, plus circonstanciée, &
plus fausse. Il faudroit être fou pour oser dire
qu'elle fut accomplie, & que le fils de l'homme
vint dans une nuée avec une grande puissance &
une grande majesté. D'où vient que Paul dans
son épitre aux Thessaloniciens confirme cette pré-
diction ridicule par une autre encor plus imper-
tinente. *Nous qui vivons & qui vous parlons,*
nous serons emportés dans les nuées pour aller au
devant du Seigneur au milieu de l'air. &c.

Pour peu qu'on soit instruit, on sait que le dogme de la fin du monde, & de l'établissement
d'un monde nouveau, étoit une chimère reçue
alors chez presque tous les peuples. Vous trouvez
cette opinion dans Lucréce au livre 4. Vous la
trouvez dans le 1er. livre des Métamorphoses
d'Ovide. Heraclite longtemps auparavant avoit dit
que ce monde - ci seroit consumé par le feu. Les
Stoïciens avaient adopté cette rêverie. Les demi-

Juifs demi - chrêtiens qui fabriquèrent les Evangiles ne manquèrent pas d'adopter un dogme si reçu & de s'en prévaloir. Mais comme le monde subsista encore longtemps , & que Jésus ne vint point dans les nuées avec une grande puissance & une grande majesté au premier siècle de l'Eglise ; ils dirent que ce seroit pour le second siècle, ils le promirent ensuite pour le troisiéme ; & de siècle en siècle cette extravagance s'est renouvellée. Les Théologiens ont fait comme un charlatan que j'ai vu au bout du pont neuf sur le quai de l'école ; il montroit au peuple vers le soir un coq & quelques bouteilles de baume ; Messieurs, disoit-il, je vais couper la tête à mon coq, & je le ressusciterai le moment d'après en vôtre présence , mais il faut auparavant que vous achetiez mes bouteilles. Il se trouvoit toujours des gens assez simples pour en acheter. Je vais donc couper la tête à mon coq , continuoit le charlatan ; mais comme il est tard , & que cette opération est digne du grand jour, ce sera pour demain.

Deux membres de l'Académie des Sciences eurent la curiosité & la constance de revenir pour voir comment le charlatan se tireroit d'affaire ; la farce dura huit jours de suite, mais la farce de l'attente de la fin du monde dans le Christianisme a duré huit siècles entiers. Après celà , Monsieur , citez nous les prophéties juives ou chrêtiennes.

MR. FRERET.

Je ne vous conseille pas de parler des miracles de Moïse devant des gens qui ont de la barbe au menton. Si tous ces prodiges inconcevables avoient été opérés , les Egyptiens en auroient parlé dans leurs histoires. La mémoire de tant de faits prodigieux qui étonnent la nature , se seroit conservée chez toutes les nations. Les Grecs qui ont été instruits de toutes les fables de l'Egypte & de la Sirie , auroient fait retentir le bruit de ces actions surnaturelles aux deux bouts du monde. Mais aucun historien ni Grec , ni Sirien , ni Egyptien n'en a dit un seul mot. Flavien Josephe si bon patriote , si entêté de son judaïsme , ce Josephe qui a recueilli tant de témoignages en faveur de l'antiquité de sa nation , n'en a pû trouver aucun qui attestat les dix playes d'Egypte , & le passage à pied sec au milieu de la mer &c.

Vous savez que l'auteur du Pentateuque est encor incertain ; quel homme sensé poura jamais croire , sur la foi de je ne sais quel Juif , soit Esdras , soit un autre , de si épouvantables merveilles inconnues

(c) Osée chap. Ier. ℣. 2. & chap. 3. ℣. Ier. & 2d.

à tout le reste de la terre? Quand même tous vos prophétes Juifs auroient cité mille fois ces événemens étranges, il seroit impossible de les croire ; mais il n'y a pas un seul de ces prophêtes qui cite les paroles du Pentateuque sur cet amas de miracles, pas un seul qui entre dans le moindre détail de ces avantures; expliquez ce silence comme vous pourez.

Songez qu'il faut des motifs bien graves pour opérer ainsi le renversement de la nature. Quel motif, quelle raison auroit pu avoir le Dieu des Juifs? étoit-ce de favoriser son petit peuple ? de lui donner une terre fertile! que ne lui donnoit-il l'Egypte au lieu de faire des miracles, dont la plupart, dites-vous, furent égalés par les sorciers de Pharaon? pourquoi faire égorger par l'ange exterminateur tous les aînés d'Egypte, & faire mourir tous les animaux, afin que les Israëlites au nombre de six cent trente mille combattans s'enfuissent comme de lâches voleurs? pourquoi leur ouvrir le sein de la mer rouge afin qu'ils allassent mourir de faim dans un désert ? Vous sentez l'énormité de ces absurdes bêtises ; vous avez trop de sens pour les admettre, & pour croire sérieusement à la Religion Chrêtienne fondée sur l'imposture Juive. Vous sentez le ridicule de la réponse triviale qu'il ne faut pas interroger Dieu, qu'il ne faut pas fonder l'abîme de la providence. Non, il ne faut pas demander à Dieu pourquoi il a créé des poux & des araignées, parce qu'étant sûrs que les poux & les araignées exiſtent, nous ne pouvons ſavoir pourquoi ils exiſtent ; mais nous ne ſommes pas ſi sûrs que Moyſe ait changé ſa verge en ſerpent & ait couvert l'Egypte de poux, quoique les poux fuſſent familiers à ſon peuple : nous n'interrogeons point Dieu ; nous interrogeons des fous qui oſent faire parler Dieu, & lui prêter l'excès de leurs extravagances.

La Comtesse.

Ma foi, mon cher Abbé, je ne vous conſeille pas non plus de parler des miracles de Jéſus. Le Créateur de l'Univers ſe feroit-il fait Juif pour changer l'eau en vin (d) à des nôces où tout le monde étoit déja yvre ? Auroit-il été emporté par le Diable (e) ſur une montagne dont on voit tous les Royaumes de la Terre ? auroit-il envoyé le Diable (f) dans le corps de deux mille cochons, dans un pays où il n'y avoit point de cochons ? auroit-il ſéché un figuier (g) pour n'avoir pas porté des fi-

(d) *Jean chap.* 2. ℣. 9.
(e) *Math. chap.* 4. ℣. 8.
(f) *idem ch.* 8. ℣. 32.
(g) *Marc ch.* 11. ℣. 13.

gues, *quand ce n'étoit pas le tems des figues ?* Croyez-moi, ces miracles font tout auffi ridicules que ceux de Moïfe. Convenez hautement de ce que vous penfez au fond du cœur.

L' A B B é.

Madame, un peu de condefcendance pour ma robe, s'il vous plait ; laiffez-moi faire mon métier ; je fuis un peu battu, peut-être, fur les prophéties & fur les miracles ; mais pour les martyrs, il eft certain qu'il y en a eu, & Pafcal le Patriarche de Port - Royal des Champs a dit, *Je crois volentiers aux faits dont les témoins fe font égorger.*

'M R. F R E R E T.

Ah Monfieur, que de mauvaife foi & d'ignorance dans Pafcal ! on croiroit, à l'entendre, qu'il a vu les interrogatoires des Apôtres, & qu'il a été témoin de leur fuplice. Mais, où a - t - il vû qu'ils aient été fupliciés ? qui lui a dit que Simon Barjone, furnommé Pierre, a été crucifié à Rome la tête en bas ? qui lui a dit même que ce Barjone, un mifé-rable pêcheur de Galilée, ait jamais été à Rome, & y ait parlé Latin ? hélas ! s'il eût été condamné à Rome, fi les Chrétiens l'avoient fçu, la première Eglife qu'ils auroient bâtie depuis à l'honneur des Saints auroit été St. Pierre de Rome, & non pas St. Jean de Latran ; les Papes n'y euffent pas man-

qué ; leur ambition y eût trouvé un beau prétexte.
A quoi est-on réduit, quand, pour prouver que ce
Pierre Barjone a demeuré à Rome, on est obligé de
dire qu'une Lettre qu'on lui attribue dattée de Babi-
lone étoit en effet écrite de Rome même (h) , fur
quoi un Auteur célèbre a très-bien dit, que moyen-
nant une telle explication, une Lettre datée de Ba-
bilone devoit avoir été écrite à Rome.

Vous n'ignorez pas quels font les impofteurs qui
ont parlé de ce voyage de Pierre. C'eſt un Abdias
qui le premier écrivit que Pierre étoit venu du lac
de Génézaret droit à Rome chez l'Empereur, pour
faire affaut de miracles contre Simon le Magicien ;
c'eſt lui qui fait le conte d'un parent de l'Empereur
reſſuſcité à moitié par Simon, & entiérement par
l'autre Simon Barjone. C'eſt lui qui met aux prifes
les deux Simons, dont l'un vole dans les airs & fe
caffe les deux jambes par les priéres de l'autre. C'eſt
lui qui fait l'hiſtoire fameuſe des deux dogues en-
voyés par Simon pour manger Pierre. Tout cela
eſt repété par un Marcel, par un Egefyppe. Voilà
les fondemens de la Religion Chrétienne. Vous n'y
voyez qu'un tiſſu des plus plattes impoſtures faites
par la plus vile canaille, laquelle feule embraffa le
Chriſtianifme pendant cent années.

(h) I. *de St. Pierre chap.* 5. ℣. 13.

C'eft une fuite non inrerrompue de fauffaires. Ils forgent des Lettres de Jéfus - Chrift ;
ils forgent des Lettres de Pilate, des Lettres de
Senèque, des conftitutions apoftoliques, des vers
des Sibilles en acroftiches, des évangiles au nombre de plus de quarante, des actes de Barnabé,
des liturgies de Pierre, de Jaques, de Matthieu
& de Marc. &c. &c. Vous le favez, Monfieur,
vous les avez lues fans doute, ces archives infâmes du menfonge, que vous appellez fraudes
pieufes; & vous n'aurez pas l'honnêteté de convenir, au moins devant vos amis, que le trône
du Pape n'a été établi que fur d'abominables chi-
mères pour le malheur du genre humain?

L'Abbé.

Mais comment la religion chrêtienne auroit-el-
le pu s'élever fi haut, fi elle n'avoit eu pour baze
que le fanatifme & le menfonge?

Le Comte.

Eh comment le Mahométifme s'eft-il élevé encor plus haut? Du moins fes menfonges ont été
plus nobles, & fon fanatifme plus généreux. Du
moins Mahomet a écrit & combattu; & Jéfus
n'a fçu ni écrire, ni fe défendre. Mahomet avoit
le courage d'Aléxandre avec l'efprit de Numa;
& vôtre Jéfu a fué fang & eau dès qu'il a été

condamné par fes juges. Le Mahométifme n'a jamais changé, & vous autres vous avez changé vingt fois toute vôtre religion. Il y a plus de différence entre ce qu'elle eft aujourd'hui & ce qu'elle étoit dans vos premiers temps, qu'entre vos ufages & ceux du Roi Dagobert. Miférables Chrêtiens! non, vous n'adorez pas vôtre Jéfu, vous lui infultez. en fubftituant vos nouvelles loix aux fiennes. Vous vous moquez plus de lui avec vos myftères, vos agnus, vos reliques, vos indulgences, vos bénéfices fimples & vôtre papauté, que vous ne vous en moquez tous les ans le cinq Janvier par vos Noëls diffolus, dans lefquels vous couvrez de ridicule la vierge Marie, l'ange qui la falue, le pigeon qui l'engroffe, le charpentier qui en eft jaloux, & le poupon que les trois rois viennent complimenter entre un bœuf & un ane, digne compagnie d'une telle famille.

L' A B B é.

C'eft pourtant ce ridicule que St. Auguftin a trouvé divin; il difoit, *je le crois parce que cela eft abfurde, je le crois parce que cela eft impoffible.*

M r. F R E R E T.

Eh ! que nous importent les rêveries d'un Africain, tantôt Manichéen, tantôt Chrétien, tantôt débauché, tantôt dévot, tantôt tolérant, tantôt per-

perſécuteur ? que nous fait ſon galimathias théo=
logique ? voudriez - vous que je reſpectaſſe cet
inſenſé Rhéteur , quand il dit dans ſon ſermon 22,
que l'ange fit un enfant à Marie par l'oreille ?
impregnavit per aurem.

LA COMTESSE.

En effet, je vois l'abſurde , mais je ne vois
pas le divin. Je trouve très ſimple que le chriſ-
tianiſme ſe ſoit formé dans la populace, comme
les ſectes des Anabatiſtes & des Quakers ſe ſont
établies , comme les prophêtes du Vivarès &
des Cévennes ſe ſont formés , comme la faction
des convulſionnaires prend déja des forces. L'en-
touſiaſme commence ; la fourberie achêve. Ii en
eſt de la religion comme du jeu.

On commence par être dupe,
On finit par être fripon.

MR. FRERET.

Il n'eſt que trop vrai , Madame. Ce qui té-
ſulte de plus probable du cahos des hiſtoires
de Jéſus, écrites contre lui par les Juifs , & en
ſa faveur par les Chrêtiens c'eſt qu'il étoit
un Juif de bonne foi , qui vouloit ſe faire
valoir auprès du peuple comme les fondateurs
des Récabites, des Eſſéniens , des Saducéens , des

Pharifiens, des Judaïtes, des Hérodiens, des Joa-
niftes, des Térapeutes, & de tant d'autres petites factions élevées dans la Sirie, qui étoit la
patrie du fanatifme. Il eft probable qu'il mit quelques femmes dans fon parti, ainfi que tous ceux
qui voulurent être chefs de fecte ; qu'il lui écha-
pa plufieurs difcours indifcrets contre les Magiftrats, & qu'il fut puni cruellement du dernier
fuplice. Mais qu'il ait été condamné ou fous le
règne d'Hérode le grand, comme le prétendent
les Talmudiftes, ou fous Hérode le Tétrarque,
comme le difent quelques Evangiles, celà eft fort
indifférent. Il eft avéré que fes difciples furent
très obfcurs jufqu'à ce qu'ils euffent rencontré quelques Platoniciens dans Alexandrie qui étayèrent les
rêveries des Galiléens par les rêveries de Platon.
Les peuples d'alors étoient infatués de démons, de
mauvais génies, d'obfeffions, de poffeffions, de magie, comme le font aujourd'hui les Sauvages. Prefque toutes les maladies étoient des poffeffions, d'ef-
prits malins. Les Juifs, de tems immémorial,
s'étoient vantés de chaffer les diables avec la racine
Barath, mife fous le nez des malades, & quelques
paroles attribuées à Salomon. Le jeune Tobie
chaffoit les diables avec la fumée d'un poiffon
fur le gril. Voila l'origine des miracles dont les
Galiléens fe vantèrent.

Les Gentils étoient affez fanatiques pour convenir que les Galiléens pouvoient faire ces beaux prodiges. Car les Gentils croyoient en faire eux-mêmes. Ils croyoient à la magie comme les difciples de Jéfu. Si quelques malades guériffoient par les forces de la nature, ils ne manquoient pas d'affurer qu'ils avoient été délivrés d'un mal de tête par la force des enchantements. Ils difoient aux chrêtiens, vous avez de beaux fecrets, & nous auffi : vous guériffez avec des paroles, & nous auffi ; vous n'avez fur nous aucun avantage.

Mais quand les Galiléens ayant gagné une nombreufe populace, commencèrent à prêcher contre la religion de l'état, quand après avoir demandé la tolérance ils oférent être intolérants, quand ils voulurent élever leur nouveau fanatifme fur les ruines du fanatifme ancien, alors les prêtres & les magiftrats Romains les eurent en horreur. Alors on réprima leur audace. Que firent-ils ? ils fupoférent, comme nous l'avons vu, mille ouvrages en leur faveur ; de dupes ils devinrent fripons, ils devinrent fauffaires, ils fe défendirent par les plus indignes fraudes, ne pouvant employer d'autres armes ; jufqu'au temps ou Conftantin devenu Empereur avec leur argent, mit leur religion fur le trône. Alors les fripons furent fanguinaires. J'ofe vous affurer que depuis le Concile

de Nicée jufqu'à la fédition des Cévennes , il ne
s'eft pas écoulé une feule année où le chriftianif-
me n'ait verfé le fang.

L' A b b é.

Ah Monfieur , c'eft beaucoup dire.

M r. F r e r e t.

Non, ce n'eft pas affez dire. Relifez feulement
l'hiftoire éccléfiaftique ; voyez les Donatiftes &
leurs adverfaires s'affommant à coups de bâton ; les
Athanafiens & les Ariens rempliffant l'Empire Romain de carnage pour une diphtongue. Voyez ces
barbares chrêtiens fe plaindre amérement que le
fage Empereur Julien les empêche de s'égorger &
de fe détruire. Regardez cette fuite épouvanta-
ble de maffacres; tant de citoyens mourants dans
les fuplices , tant de Princes affaffinés , les buchers
allumés dans vos Conciles , douze millions d'in-
nocents habitans d'un nouvel hémifphère tués comme des bêtes fauves dans un parc, fous prétexte
qu'ils ne vouloient pas être chrêtiens ; & dans
nôtre ancien hémifphère les chrêtiens immolés fans
ceffe les uns par les autres , vieillards , enfans ,
mères, femmes , filles expirants en foule dans les
croifades des Albigeois, dans les guerres des Huf-
fites , dans celles des Luthériens , des Calviniftes,
des Anabatiftes , à la St. Barthelemi , aux maffa-

eres d'Irlande, à ceux du Piémont, à ceux des Cévennes ; tandis qu'un Evêque de Rome mollement couché sur un lit de repos se fait baiser les pieds, & que cinquante châtrés lui font entendre leurs fredons pour le défennuier. Dieu m'est témoin que ce portrait est fidèle, & vous n'oseriez me contredire.

L' A B B é.

J'avoue qu'il y a quelque chose de vrai. Mais comme disoit l'Evêque de Noyon, ce ne font pas là des matières de table ; ce font des tables des matières. Les diners feroient trop tristes si la conversation rouloit longtemps sur les horreurs du genre humain. L'histoire de l'Eglise trouble la digestion.

L e C o m t e.

Les faits l'ont troublée davantage.

L' A b b é.

Ce n'est pas la faute de la religion chrêtienne, c'est celle des abus.

L e C o m t e.

Celà feroit bon s'il n'y avoit eu que peu d'abus. Mais si les prêtres ont voulu vivre à nos dépends depuis que Paul, ou celui qui a pris son nom, a écrit, *ne suis-je pas en (g) droit de me faire nourir & vêtir par vous, moi, ma femme, ou ma*

C iij

(g) 1ere. *aux Corinthiens chap.* 9. ℣. 4. & 5.

Sœur ? Si l'églife a voulu toujours envahir, fi elle a employé toujours toutes les armes poffibles pour nous ôter nos biens & nos vies , depuis la prétendue avanture d'Ananie & de Saphire, qui avoient , dit-on, aporté aux pieds de Simon Barjone le prix de leurs héritages , & qui avoient gardé quelques dragmes pour leur fubfiftance ; (h) s'il eft évident que l'hiftoire de l'Eglife eft une fuite continue de querelles, d'impoftures, de véxations, de fourberies, de rapines & de meurtres ; alors il eft démontré que l'abus eft dans la chofe même , comme il eft démontré qu'un loup a toujours été carnaffier , & que ce n'eft point par quelques abus paffagers qu'il a fuccé le fang de nos moutons.

L'ABBé.

Vous en pourriez dire autant de toutes les Religions.

LE COMTE.

Point du tout ; je vous défie de me montrer une feule guerre excitée pour le dogme dans une feule Secte de l'antiquité. Je vous défie de me montrer chez les Romains un feul homme perfécuté pour fes opinions depuis Romulus jufqu'au tems où les Chrétiens vinrent tout bouleverfer. Cette abfurde bar-

(h) *Actes des Apôtres ch. 5.*

barie n'étoit réservée qu'à nous. Vous sentez en rougissant la vérité qui vous presse , & vous n'avez rien à répondre.

L'A B B é.

Aussi je ne réponds rien. Je conviens que les disputes théologiques sont absurdes & funestes.

M r. F r e r e t.

Convenez donc aussi qu'il faut couper par la racine un arbre qui a toujours porté des poisons.

L'A B B é.

C'est ce que je ne vous accorderai point ; car cet arbre a aussi quelquefois porté de bons fruits. Si une République a toujours été dans les dissentions , je ne veux pas pour cela qu'on détruise la République. On peut réformer ses Loix.

L e C o m t e.

Il n'en est pas d'un Etat comme d'une Religion. Venise a reformé ses Loix , & a été florissante. Mais quand on a voulu réformer le Catholicisme , l'Europe a nagé dans le sang. Et en dernier lieu , quand le célèbre Loke voulant ménager à la fois les impostures de cette Religion & les droits de l'humanité , a écrit son Livre du Christianisme raisonnable, il n'a pas eu quatre disciples; preuve assez forte que le Christianisme & la raison ne peuvent subsister ensemble. Il ne reste qu'un seul remède dans l'état où font les chofes; encore n'eft-il qu'un palliatif; c'eft de rendre la religion abfolument dépendante du Souverain & des Magiftrats.

Mr. Freret.

Oui, pourvû que le Souverain & les Magiftrats foient éclairés, pourvû qu'ils fachent tolérer également toute religion, regarder tous les hommes comme leurs frères, n'avoir aucun égard à ce qu'ils penfent, & en avoir beaucoup à ce qu'ils font; les laiffer libres dans leur commerce avec Dieu, & ne les enchaîner qu'aux Loix dans tout ce qu'ils doivent aux hommes. Car il faudroit traiter comme des bêtes féroces des Magiftrats qui foutiendroient leur religion par des boureaux.

L'Abbé.

Et fi toutes les Religions étant autorifées, elles fe battent toutes les unes contre les autres? fi le Catholique, le Proteftant, le Grec, le Turc, le Juif fe prennent par les oreilles en fortant de la Meffe, du Prêche, de la Mofquée & de la Sinagogue?

Mr. Freret.

Alors il faut qu'un Régiment de Dragons les diffipe.

Le Comte.

J'aimerois mieux encore leur donner des leçons

de modération que de leur envoyer des Régimens ;
je voudrois commencer par inftruire les hommes
avant de les punir.

L'A B B é.

Inftruire les hommes ! que dites-vous , Monfieur
le Comte ? les en croyez - vous dignes ?

L e C o m t e.

J'entends. Vous penfez toujours qu'il ne faut que
les tromper : vous n'êtes qu'à moitié guéri : votre
ancien mal vous reprend toujours.

L a C o m t e s s e.

A propos , j'ai oublié de vous demander votre
avis fur une chofe que je lus hier dans l'hiftoire
de ces bons Mahométans qui m'a beaucoup fra-
pée. Affan fils d'Ali étant au bain , un de fes
efclaves lui jetta par mégarde une chaudiére d'eau
bouillante fur le corps. Les domeftiques d'Affan
voulurent empâler le coupable. Affan , au lieu de
le faire empâler, lui fit donner vingt piéces d'or.
Il y a, dit - il , *un degré de gloire dans le Paradis
pour ceux qui payent les fervices , un plus grand
pour ceux qui pardonnent le mal , & un plus grand
encore pour ceux qui récompenfent le mal involon-
taire.* Comment trouvez - vous cette action & ce
difcours ?

LE COMTE.

Je reconnois là mes bons Mufulmans du premier fiècle.

L'ABBÉ.

Et moi mes bons Chrêtiens.

MR. FRERET.

Et moi je fuis faché qu'Affan l'échaudé , fils
d'Ali , ait donné vingt piéces d'or pour avoir de
la gloire en Paradis. Je n'aime point les belles
actions intéreffées. J'aurois voulu qu'Affan eût été
affez vertueux & affez humain pour confoler le
defefpoir de l'efclave , fans fonger à être placé
dans le Paradis au troifiéme degré.

LA COMTESSE.

Allons prendre du caffé. J'imagine que fi à
tous les diners de Paris , de Vienne , de Madrid ,
de Lisbonne , de Rome & de Mofcou , on avoit
des converfations auffi inftructives , le monde n'en
iroit que mieux.

TROISIEME ENTRETIEN.

APRÈS DINER.

L'Abbé.

Voilà d'excellent caffé, Madame, c'est du Moka tout pur.

La Comtesse.

Ouï, il vient du païs des Musulmans ; n'est-ce pas grand dommage ?

L'Abbé.

Raillerie à part, Madame, il faut une religion aux hommes.

Le Comte.

Ouï sans doute ; & Dieu leur en a donné une divine, éternelle, gravée dans tous les cœurs ; c'est celle que selon vous pratiquoient Enoch, les Noachides & Abraham ; c'est celle que les Lettrés Chinois ont conservée depuis plus de quatre mille ans, l'adoration d'un Dieu, l'amour de la justice & l'horreur du crime.

La Comtesse.

Est-il possible qu'on ait abandonné une religion

fi pure & fi fainte pour les fectes abominables qui ont inondé la terre!

Mr. FRERET.

En fait de religion, Madame, on a eu une conduite directement contraire à celle qu'on a tenue en fait de vêtemens, de logemens & de nourriture. Nous avons commencé par des cavernes, des huttes, des habits de peaux de bêtes & du gland. Nous avons eu enfuite du pain, des mets falutaires, des habits de laine & de foye filées, des maifons propres & commodes. Mais dans ce qui concerne la religion, nous fommes revenus au gland, aux peaux de bêtes & aux cavernes.

L'ABBé.

Il feroit bien difficile de vous en tirer. Vous voyez que la religion chrêtienne, par exemple, eft partout incorporée à l'état ; & que depuis le Pape jufqu'au dernier capucin, chacun fonde fon trône ou fa cuifine fur elle. Je vous ai déja dit que les hommes ne font pas affez raifonnables pour fe contenter d'une religion pure & digne de Dieu.

La COMTESSE.

Vous n'y penfez pas ; vous avouez vous-même qu'ils s'en font tenus à cette religion pure du temps de vôtre Enoch, de vôtre Noé & de vôtre Abraham. Pourquoi ne feroit-on pas auffi raifonnable aujourd'hui qu'on l'étoit alors?

L' A B B é.

Il faut bien que je le dife : C'eft qu'alors il n'y avoit ni chanoine à groffe prébende, ni Abbé de Corbie avec cent mille écus de rentes, ni Evê-que de Wurtsbourg avec un million, ni Pape avec feize ou dix-huit millions. Il faudroit peut-être des guerres auffi fanglantes pour rendre à la focieté humaine tous ces biens, qu'il en a fallu pour les lui arracher.

L E C O M T E.

Quoique j'aye été militaire, je ne veux point faire la guerre aux prêtres & aux moines; je ne veux point établir la vérité par le meurtre, comme ils ont établi l'erreur; mais je voudrois au moins que cette vérité éclairat un peu les hommes, qu'ils fuffent plus doux & plus heureux, que les peu-ples ceffaffent d'être fuperftitieux, & que les chefs de l'Eglife tremblaffent d'être perfécuteurs.

L' A B B é.

Il eft bien mal-aifé puifqu'il faut enfin m'ex-pliquer) d'ôter à des infenfés des chaines qu'ils

révèrent. Vous vous feriez peut - être lapider par
le peuple de Paris fi dans un temps de pluye vous
empêchiez qu'on ne promenât la prétendue carcaffe de Ste. Genevieve par les rues pour avoir
du beau temps.

Mr. FRERET.

Je ne crois point ce que vous dites; la raifon a déja fait tant de progrès, que depuis plus
de dix ans on n'a fait promener cette prétendue
carcaffe & celle de Marcel dans Paris. Je penfe
qu'il eft très aifé de déraciner par degrés toutes
les fuperftitions qui nous ont abrutis. On ne croit
plus aux forciers, on n'exorcife plus les diables;
& quoiqu'il foit dit que vôtre Jéfus ait envoyé
fes apôtres précifément pour chaffer les diables,
(i) aucun prêtre parmi nous n'eft ni affez fou,
ni affez fot pour fe vanter de les chaffer; les reliques de St. François font devenues ridicules, &
celles de St. Ignace peut-être feront un jour trai-
nées dans la boue avec les Jéfuites eux-mêmes.
On laiffe à la vérité au Pape le Duché de Ferrare
qu'il a ufurpé, les domaines que Céfar Borgia
ravit par le fer & par le poifon, & qui font
retournés à l'Eglife de Rome pour laquelle il ne
travailloit pas : on laiffe Rome même aux Papes,

(i) *Matth. chap.* 10. ℣. 8. *Marc chap.* 6. ℣. 13.

parce qu'on ne veut pas que l'Empereur s'en em-
pare : on lui veut bien payer encor des annates ;
quoique ce foit un ridicule honteux & une fimo-
nie évidente ; on ne veut pas faire d'éclat pour
un fubfide fi modique. Les hommes fubjugués
par la coutume ne rompent pas tout d'un coup
un mauvais marché fait depuis près de trois fiècles; mais que les Papes ayent l'infolence d'envoyer comme autrefois des Légats *a Latere* pour
impofer des décimes fur les peuples, pour excom-
munier les Rois, pour mettre leurs Etats en inter-
dit ; pour donner leurs couronnes à d'autres, vous
verrez comme on recevra un Légat *a Latere*: je
ne défefpérerois pas que le Parlement d'Aix ou de
Paris ne le fit pendre.

LE COMTE.

Vous voyez combien de préjugés honteux nous
avons fecoués. Jettez les yeux à préfent fur la partie
la plus opulente de la Suiffe, fur les fept provinces
unies auffi puiffantes que l'Efpagne, fur la grande
Bretagne dont les forces maritimes tiendroient feu-
les avec avantage contre les forces réunies de toutes les autres nations: regardez tout le Nord de
l'Allemagne, & la Scandinavie, ces pepiniéres in-
tariffables de guerriers, tous ces peuples nous
ont paffé de bien loin dans les progrès de la raifon.
Le fang de chaque tête de l'hidre qu'ils ont abat-

tue a fertilifé leurs campagnes; l'abolition des moines a peuplé & enrichi leurs états: on peut certainement faire en France ce qu'on a fait ailleurs; la France fera plus opulente & plus peuplée.

L'ABBé.

Eh bien, quand vous aurez fecoué en France la vermine des moines, quand on ne verra plus de ridicules reliques, quand nous ne payerons plus à l'Evêque de Rome un tribut honteux; quand même on mépriferoit affez la confubftantiabilité & la proceffion du St. Efprit par le père & par le fils, & la tranfubftantiation pour n'en plus parler, quand ces miftères refteroient enfevelis dans la fomme de St. Thomas, & quand les contemptibles théologiens feroient réduits à fe taire, vous refteriez encor chrêtiens; & c'eft ce que vous n'obtiendrez jamais. Une religion de philofophes n'eft pas faite pour les hommes.

MR. FRERET.

Eft quadam prodire tenus fi non datye ultra.

Je vous dirai avec Horace, vôtre médecin ne vous donnera jamais la vue d'un Lynx, mais fouffrez qu'il vous ôte une taye des yeux. Nous gémiffons fous le poids de cent livres de chaînes, permettez qu'on nous délivre des trois quarts. Le mot de chrêtien a prévalu; il reftera, mais peu

à

(49)

à peu on adorera Dieu fans mélange , fans lui
donner ni une mère , ni un fils , ni un père pu-
tatif , fans lui dire qu'il eft mort par un fuplice
infâme , fans croire qu'on faffe des dieux avec de
la farine , enfin , fans cet amas de fuperftitions qui
mettent des peuples policés fi au deffous des fau-
vages. L'adoration pure de l'être fuprême commence à être aujourd'hui la Religion de tous les
honnêtes gens ; & bientôt elle defcendra dans une
partie faine du peuple même.

L' A B B é.

Ne craignez - vous point que l'incrédulité (dont
je vois les immenfes progrès) ne foit funefte au
peuple en defcendant jufqu'à lui , & ne le con-
duife au crime ? Les hommes font affujettis à de
cruelles paffions & à d'horribles malheurs ; il leur
faut un frein qui les retienne , & une erreur qui
les confole.

Mr. F R E R E T.

Le culte raifonnable d'un Dieu jufte qui punit
& qui récompenfe , feroit fans doute le bonheur
de la fociété ; mais quand cette connoiffance falu-
taire d'un Dieu jufte eft défigurée par des menfonges abfurdes & par des fuperftitions dangereu-
fes , alors le remède fe tourne en poifon ; & ce
qui devroit effrayer le crime , l'encourage. Un

D

méchant qui ne raifonne qu'à demi (& il y en à beaucoup de cette efpèce) ofe nier fouvent le Dieu dont on lui a fait une peinture révoltante.

Un autre méchant qui a de grandes paffions dans une ame foible, eft fouvent invité à l'iniquité par la fureté du pardon que les prêtres lui offrent. *De quelque multitude énorme de crimes que vous foyez fouillé, confeffez vous à moi, & tout vous fera pardonné par les mérites d'un homme qui fut pendu en Judée il y a plufieurs fiècles. Plongez vous après cela dans de nouveaux crimes fept fois foixante & fet fois, & tous vous fera pardonné encore.* N'eft-ce pas là véritablement induire en tentation ? n'eft-ce pas aplanir toutes les voyes de l'iniquité ? La Brinvilliers ne fe confeffoit -elle pas à chaque empoifonnement qu'elle commettoit ? Louis XI. autrefois n'en ufoit-il pas de même ?

Les anciens avoient comme nous leur confeffion & leurs expiations, mais on n'étoit pas expié pour un fecond crime. On ne pardonnoit point deux parricides. Nous avons tout pris des Grecs & des Romains, & nous avons tout gâté.

Leur enfer étoit impertinent, je l'avoue ; mais nos diables font bien plus fots que leurs furies. Ces furies n'étoient pas elles-mêmes damnées ; on les regardoit comme les exécutrices, & non com-

me les victimes des vengeances divines. Etre à la
fois boureaux & patients, brulants & brulés comme le font nos diables, c'eft une contradiction
abfurde, digne de nous, & d'autant plus abfurde que la chute des anges, ce fondement du chrif-
tianifme, ne fe trouve ni dans la Genèfe, ni dans
l'Evangile. C'eft une ancienne fable des Bracmanes.

Enfin, Monfieur, tout le monde rit aujour-
d'hui de vôtre enfer, parce qu'il eft ridicule ; mais
perfonne ne riroit d'un Dieu rémunérateur & vengeur, dont on efpéreroit le prix de la vertu, &
dont on craindroit le châtiment du crime, en
ignorant l'efpèce des châtiments & des récompen-
fes, mais en étant perfuadé qu'il y en aura, parce
que Dieu eft jufte.

L e C o m t e.

Il me femble que Mr. Fréret a fait affez entendre comment la religion peut être un frein fa-
lutaire. Je veux effayer de vous prouver qu'une
religion pure eft infiniment plus confolante que la
vôtre.

Il y a des douceurs, dites-vous, dans les illu-
fions des ames dévotes ; je le crois ; il y en a
auffi aux petites maifons. Mais quels tourments
quand ces ames viennent à s'éclairer ! Dans quel
doute & dans quel défefpoir certaines religieufes

paffent leurs triftes jours ! vous en avez été témoins , vous me l'avez dit vous même ; les cloî-
tres font le féjour du repentir : mais chez les hommes furtout , un cloître eft le repaire de la dif-
corde & de l'envie. Les moines font des forçats
volontaires qui fe battent en ramant enfemble ; j'en
excepte un très petit nombre qui font ou véritablement pénitents ou utiles. Mais en vérité Dieu
a - t-il mis l'homme & la femme fur la terre
pour qu'ils trainaffent leur vie dans des cachots
féparés les uns des autres à jamais? Eft-ce là le
but de la nature? Tout le monde crie contre les
moines ; & moi je les plains. La plupart au
fortir de l'enfance ont fait pour jamais le facrifi-
ce de leur liberté , & fur cent il y en a quatre-
vingt au moins qui féchent dans l'amertume. Où
font donc ces grandes confolations que vôtre religion donne aux hommes ? Un riche bénéficier
eft confolé fans doute , mais c'eft par fon argent , & non par fa foi. S'il jouït de quelque
bonheur , il ne le goûte qu'en violant les règles
de fon état. Il n'eft heureux que comme homme
du monde , & non pas comme homme d'Eglife. Un père de famille fage , réfigné à Dieu,
attaché à fa patrie , environné d'enfans & d'amis ,
reçoit de Dieu des bénédictions mille fois plus
fenfibles.

De plus, tout ce que vous pourriez dire en faveur des mérites de vos moines, je le dirois à bien plus forte raison des Derviches, des Marabouts, des Faquirs, des Bonzes. Ils font des pénitences cent fois plus rigoureufes ; ils fe font voués à des auftérités plus effraiantes ; & ces chaînes de fer fous lefquelles ils font courbés, ces bras toujours étendus dans la même fituation, ces macérations épouvantables ne font rien encor en comparaifon des jeunes femmes de l'Inde qui fe brulent fur le bucher de leurs maris dans le fol efpoir de renatre enfemble.

Ne vantez donc plus ni les peines ni les confolations que la religion chrêtienne fait éprouver. Convenez hautement qu'elle n'aproche en rien du culte raifonnable qu'une famille honnête rend à l'être fuprême fans fuperftition. Laiffez là les cachots des couvents, laiffez-là vos myftères contradictoires & inutiles, l'objet de la rifée univerfelle. Prêchez Dieu & la morale ; & je vous réponds qu'il y aura plus de vertu & plus de félicité fur la terre.

LA COMTESSE.

Je fuis fort de cette opinion.

MR. FRERET.

Et moi auffi fans doute.

L'A B B é.

Eh bien, puifqu'il faut vous dire mon fecret, j'en fuis auffi.

Alors le Préfident de Maifons, l'Abbé de St. Pierre, Mr. Du Fay, Mr. Du Marfai arrivèrent ; & Mr. l'Abbé de St. Pierre lut felon fa coutume *fes penfées du matin*, fur chacune defquelles on pouvoit faire un bon ouvrage.

PENSEÉS

Détachées de Mr. l'Abbé de St. Pierre.

L A plupart des Princes, des Miniftres, des hommes conftitués en dignité, n'ont pas le temps de lire ; ils méprifent les livres, & ils font gouvernés par un gros livre qui eft le tombeau du fens commun.

S'ils avoient fçu lire, ils auroient épargné au monde tous les maux que la fuperftition & l'ignorance ont caufés. Si Louis XIV. avoit fçu lire, il n'auroit pas révoqué l'Edit de Nantes.

Les Papes & leurs Supots ont tellement senti que leur pouvoir n'est fondé que sur l'ignorance, qu'ils ont toujours défendu la lecture du seul livre qui annonce leur Religion : ils ont dit, voilà vôtre loi, & nous vous défendons de la lire ; vous n'en saurez que ce que nous daignerons vous aprendre. Cette extravagante tirannie n'est pas compréhensible ; elle existe pourtant , & toute Bible en langue qu'on parle, est défendue à Rome; elle n'est permise que dans une langue qu'on ne parle plus.

Toutes les usurpations Papales ont pour prétexte un misérable jeu de mots, une équivoque des rues , une pointe qu'on fait dire à Dieu & pour laquelle on donneroit le fouët à un écolier ; *tu es pierre, & sur cette pierre je fonderai mon assemblée.*

Si on savoit lire, on verroit avec évidence que la Religion n'a fait que du mal au gouvernement; elle en fait encor beaucoup en France par les persécutions contre les Protestants , par les divisions sur je ne sais quelle Bulle plus méprisable qu'une chanson du Pont neuf, par le célibat ridicule des prêtres, par la fainéantise des moines, par les mauvais marchés faits avec l'Evêque de Rome &c.

⁂

L'Eſpagne & le Portugal beaucoup plus abrutis que la France éprouvent preſque tous ſes maux, & ont l'Inquiſition par deſſus ; laquelle (ſuppoſé un enfer) ſeroit ce que l'enfer auroit produit de plus exécrable.

⁂

En Allemagne il y a des querelles interminables entre les trois ſectes admiſes par les traités de Veſtphalie : les habitans des pays immédiatement ſoumis aux prêtres Allemands , ſont des brutes qui ont à peine à manger.

⁂

En Italie cette Religion qui a détruit l'Empire Romain n'a laiſſé que de la miſère & de la muſique, des Eunuques , des Arlequins & des Prêtres. On accable de tréſors une petite ſtatue noire appellée la Madone de Lorette ; & les terres ne ſont pas cultivées.

⁂

La Théologie eſt dans la Religion ce que les poiſons ſont parmi les aliments.

❖‖✷‖❖.

Ayez des temples où Dieu foit adoré , fes bien-
faits chantés, fa juftice annoncée, la vertu recom-
mandée : tout le refte n'eft qu'efprit de parti,
faction , impofture , orgueil, avarice , & doit être
profcrit à jamais.

❖‖✷‖❖

Rien n'eft plus utile au public qu'un Curé qui
tient régiftre des naiffances, qui procure des affif-
tances aux pauvres, confole les malades , enfevelit
les morts , met la paix dans les familles ; & qui
n'eft qu'un maître de morale. Pour le mettre en
état d'être utile il faut qu'il foit au deffus du befoin,
& qu'il ne lui foit pas poffible de deshonorer fon
miniftère en plaidant contre fon Seigneur & contre
fes Paroiffiens , comme font tant de Curés de campagne : qu'ils foient gagés par la province felon
l'étendue de leurs paroiffes , & qu'ils n'ayent d'autre foin que celui de remplir leurs devoirs.

❖‖✷‖❖

Rien n'eft plus inutile qu'un Cardinal. Qu'eft-
ce qu'une dignité étrangère , conférée par un
prêtre étranger , dignité fans fonction , & qui
prefque toujours vaut cent mille écus de rente ,
tandis qu'un Curé de campagne n'a ni de quoi af-

sister les pauvres, ni de quoi se sécourir lui-même?

⁂

Le meilleur gouvernement est sans contredit celui qui n'admet que le nombre des Prêtres nécessaires, car le superflu n'est qu'un fardeau dangereux : le meilleur gouvernement est celui où les prêtres sont mariés, car ils en sont meilleurs citoyens ; ils donnent des enfans à l'état, & les élèvent avec honnêteté ; c'est celui où les prêtres n'osent prêcher que la morale : car s'ils prêchent la controverse, c'est sonner le tocsin de la discorde.

⁂

Les honnêtes gens lisent l'histoire des guerres de Religion avec horreur ; ils rient des disputes théologiques comme de la farce Italienne. Ayons donc une Religion qui ne fasse ni frémir, ni rire.

⁂

Y a-t-il eu des Théologiens de bonne foi ? Oui, comme il y a eu des gens qui se sont crus Sorciers.

⁂

Mr. Deslandes, de l'Académie des Sciences, qui vient de nous donner l'histoire de la Philosophie, dit au Tome III. page 299. *La faculté de*

*Théologie me paroit le corps le plus méprisable du
Royaume.* Il deviendroit un des plus respectables
s'il se bornoit à enseigner Dieu & la morale ; ce
seroit le seul moyen d'expier ses décisions criminelles contre Henri III. & le grand Henri IV.

Les miracles que des gueux font au Fauxbourg
St. Médard peuvent aller loin , si Mr. le Cardinal de Fleuri n'y met ordre. Il faut exhorter à
la paix & défendre févèrement les miracles.

La Bulle monftrüeufe *Unigénitus* peut encor
troubler le Royaume. Toute Bulle eft un attentat
à la dignité de la couronne , & à la liberté de
la nation.

La canaille créa la fuperftition, les honnêtes
gens la détruifent.

On cherche à perfectionner les loix & les
arts. Peut-on oublier la Réligion ?

Qui commencera à l'épurer ? ce font les hommes qui penfent. Les autres fuivront.

N'eft-il pas honteux que les fanatiques ayent
du zèle & que les fages n'en ayent pas ? Il faut
être prudent, mais non pas timide.

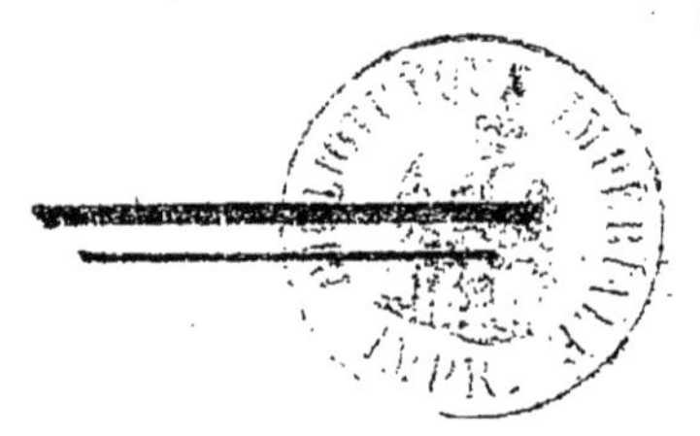

www.ingramcontent.com/pod-product-compliance
Ingram Content Group UK Ltd.
Pitfield, Milton Keynes, MK11 3LW, UK
UKHW020038100726
13658UKWH00003B/1399